Kohlgerichte

Rezepte der Landfrauen

Telsche Huesmann
Margarete Oppermann
„Kohlgerichte"

Foto: Wolfgang Oppermann, 25836 Garding

Umschlaggestaltung:
Ulrich Meggers, 25836 Vollerwiek

Herausgeber und Gesamtherstellung:
Eiderstedter Werbe- und Verlagsgesellschaft, 25836 Garding

Layout und Reproduktionen:
Ulrich Meggers, 25836 Vollerwiek

8. Auflage 2003

Satz: Fotosatz Husum GmbH

Druck und Verarbeitung:
Husum Druck- und Verlagsgesellschaft, 25813 Husum

ISBN 3-925821-08-2

Kohlgerichte

Rezepte der Landfrauen aus Dithmarschen und Eiderstedt

Zusammengestellt von
Telsche Huesmann
Margarete Oppermann

EIDERSTEDTER WERBE- UND VERLAGSGESELLSCHAFT
GARDING – 1994

Inhaltsverzeichnis

Rosenkohl

Sauerkraut

Salate

Vorwort

Kohl ist schon längst nicht mehr ein Grobgemüse, welches in erster Linie der Sättigung dient, sondern hat sich besonders in den letzten Jahren zu einem außerordentlich geschätzten, sehr vielseitig verwendbaren, äußerst gesunden Gemüse entwickelt. Er bietet der Hausfrau ungeahnte Spielräume für kreative Behandlung und Gestaltung.
Kohl und der an der schleswig-holsteinischen Nordseeküste gelegene Kreis Dithmarschen sind inzwischen fest zusammengehörende Begriffe geworden. In Dithmarschen wird seit über 100 Jahren Kohl angebaut. Inzwischen sind es 2800 ha, auf denen Weißkohl, Rotkohl, Wirsingkohl und Rosenkohl angebaut werden. Die Dithmarscher Bauern haben sich auf diese Frucht, die den fetten Marschboden und das kühlfeuchte Klima der Nordseeküste liebt, spezialisiert. Dithmarschen bildet damit das größte zusammenhängende Kohlanbaugebiet in der Bundesrepublik Deutschland. Nach sorgfältiger Vorbereitung des Ackers wird der Kohl mit einem hohen Handarbeitsaufwand vom Pflanzen bis zur Ernte gepflegt.
Die geerntete Qualitätsware wird sowohl für den Frischmarkt als auch für die Konservenindustrie vermarktet. Ein steigender Anteil wird – liebevoll aufbereitet – auf den Hofstellen der Erzeuger an die Verbraucher direkt verkauft. Dabei haben sich in vielen Fällen schon richtige Stammkundschaften entwickelt. Ein großer Teil der Ernteware wird aufwendig eingelagert und so für den Frischverbrauch im kommenden Frühjahr und Sommer gesichert.
Zu einer Attraktion sind inzwischen die alljährlich Ende September in Dithmarschen durchgeführten „Dithmarscher Kohltage“ geworden, die mit vielen Veranstaltungen und Aktivitäten nicht nur den Kohl, sondern auch den an der Nordseeküste gelegenen Kreis Dithmarschen bekanntmachen wollen.
Nicht zuletzt den Abertausenden von Urlaubsgästen unserer Region verdanken wir, daß der Kohl mehr und mehr ein geschätzter Bestandteil der modernen Ernährung geworden ist. In diesem Sinne begrüßen wir die vorliegende Rezeptsammlung und wünschen ihr eine weite Verbreitung.

Georg Huesmann

Vorsitzender des Kreisbauernverbandes Dithmarschen

Seit 1889
Kohlanbau in Dithmarschen

Im Südwesten Schleswig-Holsteins findet man das größte geschlossene Kohlanbaugebiet Europas: Dithmarschen.
Seit über 100 Jahren wird hier Kohl angebaut, z.Zt. ca. 2800 ha. Das feuchte Nordseeklima und der fruchtbare Marschboden sind ideale Voraussetzungen für den Kohlanbau.
Im Jahre 1889 unternahm der Gärtner Lass, der im Dienste des Hofbesitzers Schröder auf Osterhof bei Büsum stand, den Versuch, einen Dithmarscher Morgen mit verschiedenen Gemüsearten zu bepflanzen, darunter auch Kohl. Der Ertrag war zunächst bescheiden, aber kostendeckend. So wurde der Versuch wiederholt, 1891 dehnte man die Fläche schon auf 3 Dithmarscher Morgen aus, wobei Gärtner Lass mit 5% der Brutto-Einnahmen am Ertrag beteiligt war. Der Durchbruch kam 1892, als man bereits 50 ha Kohl anbaute, zum Erstaunen der ganzen Umgebung. Es war ein gutes Kohljahr, so daß sich der Kohlanbau schnell in ganz Dithmarschen durchsetzte.
Während des ersten Weltkrieges im Jahre 1918 wurde der Kohlanbau in Dithmarschen sogar auf rund 10000 ha ausgedehnt und damit zu einem volkswirtschaftlichen Faktor ersten Ranges. Seit 1924 hat sich die Fläche ziemlich konstant auf etwa 2200 ha jährlich eingependelt.
60 Millionen Kohlköpfe werden jährlich in Dithmarschen vom Feld geholt, für jeden Bundesbürger ein Kohlkopf. Die von Dithmarscher Bauern betriebene Gemüsezuchtgenossenschaft mit ihrem Sitz in Marne ist das einzige deutsche Pflanzenzuchtunternehmen, welches Kohl und Gemüse züchtet. Die Tendenz zeigt eindeutig in Richtung Qualitätsprodukt. Gleichzeitig ist man erfolgreich dabei, widerstandsfähige Kohlsorten zu züchten, die den Einsatz von Pflanzenbehandlungsmitteln erheblich reduzieren lassen. Gleichzeitig wird die Lagerfähigkeit und die Schmackhaftigkeit laufend verbessert, so daß Kohl aus Dithmarschen ein Qualitätsbegriff geworden ist.
Im Jahr 1992 haben fotschrittliche Landwirte die Erzeugerorganisation Gemüsekontor Dithmarschen eG gegründet, um im Wettbewerb mit anderen Anbaugebieten den Qualitäts-

vorsprung des Dithmarscher Kohls auszubauen und diesen Vorteil in der Vermarktung zu nutzen.
Seit 1987 wird mit Kohl als Symbol für die Region Dithmarschen geworben. Jährlich finden die „Dithmarscher Kohltage“ statt, an denen sich die Gastronomie, die Gemüsezuchtgenossenschaft, der Kreisbauernverband Dithmarschen, der Kreislandfrauenverband Dithmarschen und eine Reihe anderer Organisatoren der Wirtschaft aktiv beteiligen. Es wird eine breite Palette von schmackhaften Kohlgerichten angeboten sowie viele Aktionen und Informationen veranstaltet, um so auf die gesunde Region an der schleswig-holsteinischen Nordseeküste aufmerksam zu machen.
So ist für Urlauber aus der ganzen Bundesrepublik inzwischen Dithmarschen nicht zuletzt auch durch die „Dithmarscher Kohltage“ zu einem Begriff für gesunde Urlaubsbedingungen geworden.
Kohl hat sich inzwischen längst von dem Makel des Massengemüses befreien können. Mit einer großen Anzahl von Rezepten wird aus Kohl ein gesundes, schmackhaftes und sehr vielseitiges Delikatess-Gemüse, das auf dem Speisezettel eines jeden Haushaltes seinen festen Platz haben sollte.

Jägerkohl mit Kasseler

1 Kopf	Weißkohl (ca. 1 kg)
200 g	geräucherter durchwachsener Speck
1	Zwiebel
30 g	Schweineschmalz
1/4 l	klare Brühe (Instant)
1 Teel.	Kümmel
750 g	Kasseler (ausgelöstes Kottelettstück)
1 Eßl.	Speisestärke
	Pfeffer
	Zucker
	Essig
	Petersilie zum Garnieren

Kohl putzen, waschen, halbieren, den Strunk herausschneiden, Kohl grob hobeln, Speck in dünne Streifen schneiden. Zwiebel schälen und fein würfeln. Schmalz in einem Topf erhitzen. Speck darin anbraten. Zwiebelwürfel zufügen und kurz andünsten. Kohl hineingeben, ebenfalls kurz mitdünsten und die Brühe übergießen. Kümmel darüberstreuen. Kasseler auf den Weißkohl setzen und alles bei mittlerer Hitze ca. 45 Min. schmoren lassen. Kasseler herausnehmen und in Scheiben schneiden. Speisestärke mit etwas Wasser glattrühren und die Gemüseflüssigkeit damit binden. Jägerkohl mit Salz, Pfeffer, Zucker und Essig pikant abschmecken.

Mit den Kasselerscheiben in einer Schüssel anrichten und mit Petersilie garniert servieren.

Kartoffelbrei als Zugabe.

Klausenburger Kraut

500	g	Schweinehack
100	g	Speck
1	kg	Weißkohl
	gem.	Kümmel
		Salz
		Zucker
1	Tasse	Brühe
1/2	Becher	saure Sahne

Gewürfelter Speck und Schweinehack im hohen Kochtopf leicht schmoren in feine Streifen geschnittenen Weißkohl dazugeben, 1 Tasse Brühe und die saure Sahne hinzufügen und 30 Min. garschmoren und abschmecken.

Als Zugabe Salzkartoffeln oder Kartoffelpürree.

Lamm-Kohleintopf

500 g	Lammfleisch
etwas	Öl
625 g	Weißkohl
125 g	Sellerie
125 g	Lauch
250 g	Tomaten oder
1 Eßl.	Tomatenmark
600 g	Kartoffeln
1	Zwiebel
	Salz
1/4-3/8 l	Wasser

Lammfleisch würfeln und im Öl anschmoren. Weißkohl und Lauch in Streifen, Sellerie und Kartoffeln in Würfel, Zwiebel in Halbringe schneiden und Tomaten enthäuten und vierteln.

Das Fleisch und Gemüse abwechseln in einen hohen Topf schichten

Das Fleisch und Gemüse abwechselnd in einen hohen Topf schichten und mit Wasser auffüllen. Ca. 50 - 60 Min. garen, abschmecken und mit Petersilie garnieren.

Weißkohlrouladen mit Wildschweinfüllung

1 mittlerer	Weißkohlkopf
	Strunk ausschneiden, 20 Min. in Salzwasser kochen lassen, in Eiswasser abschrecken.

Fleischteigfüllung:

600 g	Wildschweinfleisch
1	Zwiebel
1	eingeweichtes Brötchen
1	Ei
	Majoran, Pfeffer, Salz

durch den Fleischwolf drehen oder mit dem Mixer + Ei zerkleinern, zu einem Fleischteig verkneten.

3 Eßl.	Öl
1/4 l	Weißwein
2	Lorbeerblätter
1 Pr.	Salz
1 Pr.	Zucker
1 Pr.	Pfeffer
1 Glas	Kapern
1 Becher	saure Sahne
	zum Schmoren

4 Weißkohlblätter auf einem Tuch ausbreiten, Mittelrippe ausschneiden, 4 Fleischteigrollen darauflegen, einwickeln mit Küchenband

zusammenbinden. Die Rouladen von allen Seiten braun anbraten, danach 35 Min. schmoren lassen.

Tunke mit Fleischbrühe verlängern, mit Soßenbinder andicken.
Tomaten- oder Gurkensalat und Salzkaltoffeln dazu reichen.

Selbstverständlich eignet sich auch gemischtes Schweine- und Rinderhack für dieses Rezept.

Irish-Stew

375 - 500 g Lammfleisch, Schulter oder Nacken
knapp 1/2 l Wasser
500 g Kartoffeln
4 Zwiebeln
750 g Weißkohl
50 g fetter Speck
Salz
Pfeffer
Thymian
Kümmel

Das Lammfleisch in Portionsstücke schneiden und 10 Min. in knapp 1/2 l Wasser kochen. Kartoffeln schälen, die Zwiebeln in Scheiben schneiden, damit den Topf auslegen, Gemüse, Fleisch und Gewürze einschichten. Fleischwasser angießen und alles bei schwacher Hitze 60 Minuten garen lassen.

Weißkohlauflauf

600 g	Weißkohl
	in feine Streifen schneiden, blanchieren
400 g	gemischtes Hack
1	Ei
1	Zwiebel
	würfeln
	Salz
	Pfeffer
	Muskat
	vermischen, in Öl anbraten

Kohl und Fleischteig abwechselnd in eine Auflaufform schichten.

1	Becher saure Sahne
2 Eßl.	gehackte Petersilie
100 g	ger. Gouda
	mischen, über den Auflauf gießen.

40 Min. bei 180 ° backen lassen.

Tomatensoße und Salzkartoffeln als Zugabe

Pikante Kohlsuppe

750	g	Weißkohl putzen, in feine Streifen schneiden
2		mittelgroße Zwiebeln in Würfel schneiden
6–8	Eßl.	Öl
400	g	Rinderhack
1	gr.	Dose geschälte Tomaten
1	l	klare Brühe
1	Eßl.	Kümmel
		Salz
		Pfeffer
		Cayennepfeffer
1		Becher Crème fraîche

Öl in einer Pfanne erhitzen, Kohl portionsweise darin andünsten, in einen großen Topf geben.

Zwiebeln und zerbröseltes Hackfleisch ebenfalls anbraten, in den Topf geben. Danach Tomaten mit Saft, Brühe und Gewürze zugeben, 45 Min. kochen lassen.

Vor dem Servieren Crème-fraîche darauf geben, mit Cayennepfeffer bestäuben.

Weißkohlpudding mit Krabbenfüllung und Krabbensoße

1 kg	Weißkohl vierteln, Strunk entfernen, in 1 cm breite Streifen schneiden, 20 Min. in Salzwasser vorkochen.

Füllung:

400 g	Schweinemett	
200 g	Krabbenfleisch	)
2	Eiweiß	) pürieren
1	Zwiebel	)
	Salz	
	Pfeffer	
	Muskat	
2 Eßl.	Paniermehl	

Zutaten zu einem Teig verkneten.
Puddingform ausfetten, mit Paniermehl ausstreuen.
Schichtweise Kohl und Krabbenfarce in die Form geben, gut andrücken,
1 1/2 Std. im Wasserbad kochen lassen.

Soße:

1/2 l	Flüssigkeit aus:
	Kohlbrühe
200 ml	Sahne
	Brühe aus der Form
	(vorsichtig abgießen)
3 Eßl.	Madeira
1/2	Zitrone, Saft und Schale
	Tabasco
100 g	Krabben

Soße mit hellem Soßenbinder andicken, mit Tabasco, Pfeffer, Salz, Muskat und etwas Honig würzen, mit 2 Eigelb legieren, 100 g Krabben als Einlage. Soße erhitzen, nicht mehr kochen lassen.

Salzkartoffeln und Gurkensalat als Zugabe.

Kirche in Marne

Weißkohleintopf mit Buchweizenklößen

1	kg	Beinscheibe
2		Zwiebeln, Salz
2		Lorbeerblätter
5		Wachholderbeeren
5		Pimentkörner
5		Pfefferkörner
250	g	Pellkartoffeln
1	Bund	Schnittlauch
70	g	Buchweizenmehl
1		Ei
		Pfeffer, Muskat
1	kg	Weißkohl
2		grüne Paprikaschoten
2		rote Chilischoten oder
4		Spritzer Tabasco

Beinscheibe waschen. Zwiebeln pellen und vierteln. Beides mit 1 Teelöffel Salz, Lorbeerblättern, Wachholderbeeren, Piment- und Pfefferkörnern in 2 Liter kaltes Wasser geben und etwa 2 Stunden köcheln lassen. Zwischendurch den Schaum abschöpfen.

Inzwischen die Kartoffeln durch eine Presse drücken. Schnittlauch waschen und in feine Röllchen schneiden. Kartoffeln, Schnittlauch, Buchweizenmehl und Ei zu einem glatten Teig verarbeiten. Mit Salz, Pfeffer und Muskat kräftig würzen. Klößchen daraus formen und im siedenden Salzwasser etwa 12 Minuten garen. Abtropfen lassen und warm stellen.

Weißkohl waschen, vierteln, Strunk entfernen, in Streifen schneiden. Nach 1 Stunde Kochzeit zum Fleisch geben und mitgaren. Paprikaschoten waschen, putzen, in Streifen schneiden, 20 Minuten vor Ende der Garzeit zugeben, mitgaren.
Fleisch herausnehmen, würfeln und mit den Buchweizenklößen wieder in den Topf geben, abschmecken.

 Die alte Grüntalbrücke über den Nord-Ostsee-Kanal

Dithmarscher Kohl

Dithmarscher Kohl is wiet bekannt!
Von Nordseestrand bit hin no'n Alpenrand.
Dithmarscher Kohl fast un rund
is as Gemüse so gesund.
Vitamine, de brukst fört's Leben
kann een godes Kohlgericht di geben.
De smucken Köpp in rot un witt,
kannst jümmer eeten, kold un hitt.
Eet mol Goosbroden, schass dann sehn,
ohn Rotkohl kann de Broden ni ween.
Kook mal Wittkohl, richtig fassen Kopp,
scheun Stück Speck mut uck dor rop.
Lammfleesch mit Wirsingkohl
is wat Scheunes allemol.
Drei doch af un to eenmol
een Pund Hack in't Blatt vun Kohl.
Rouladen seggt man hier dorto,
leckst din fief Finger noch dorto.
Un dann een Isbeen, kennst dat ni?
Suurkohl hört dor jümmer bi.
Wi kook en uk in'n Puddingform
een Schich Kohl, een Schich Hack, schmeckt enorm.
Kohl kannst eeten to alle Tiden,
ganz fien em to Solot mol snieden,
lütt beten Öl un Sahne noch dorto,
nimmst dat as Vörspies oder achterno.
Brugst ni alln's ut Kookbook leern,
eenfach sülben mol wat probeern.
Nu man ran, versök mol watt!
Kohl schmeckt jümmer – uk warst satt!

Helmut Karstens

Kohlrollen

250	g	Mehl
1	Pr.	Salz
1	Pr.	Backpulver
250	g	Quark
250	g	Butter oder Margarine

Quarkblätterteig herstellen und 1/2 Tag kalt stellen.

750	g	Weißkohl
	gem.	Kümmel

feinschneiden, kurz in gesalzenem Wasser blanchieren, abtropfen und auskühlen lassen.

500	g	Hackfleisch
2	gr.	Zwiebeln
1		Tomate
200	g	Gouda-Käse
9	Schb.	Mettwurst
3		Eier
3	Eßl.	Paniermehl
3	Eßl.	Curryketchup
		Salz, Pfeffer
		getr. bzw. frische Kräuter

Einen Teig herstellen und mit dem abgekühlten Kohl vermengen. Nochmals pikant abschmecken.

Den Teig ausrollen, ca. 12-15 cm groß, ca. 14 Stück. Mit Kohl-Hackfleischmischung füllen, zu Rollen formen und andrücken. Die Naht nach unten auf das Backblech legen, mit Eigelbmilch bepinseln und im vorgeheizten Backofen bei 225° ca. 35 Min. abbacken.

Tomatensoße bzw. Remouladensoße dazu reichen.

Alternative:

Teig zum großen Rechteck ausrollen, mit Füllung belegen, zu einer großen Rolle formen und 1 Stunde backen.

Kohlpfanne

300 g	durchwachsenen Speck in Würfel schneiden
500 g	Zwiebeln in Halbringe schneiden
1 kg	Weißkohl in feine Streifen schneiden
3/8 l	Brühe
	Salz
	Pfeffer
	Rosenpaprika

Speck und Zwiebeln in einer großen Pfanne anbraten. Kohl, Paprika und Gewürze zugeben, unter ständigem Rühren 10 Min. mit braten lassen. Brühe zugeben und 50 Min. schmoren lassen, immer wieder umrühren.

Reis, Kartoffelbrei oder Meterbrot als Zugabe.

Weißkohlpudding mit Hackfleischfüllung

1	kg	Weißkohl vierteln, Strunk entfernen, in 1 cm breite Streifen schneiden, 20 Minuten in Salzwasser vorkochen.

Füllung:

400	g	gemischtes Hack
200	g	Schweinemett
2		Eiweiß
1	ger.	Zwiebel
		Salz
		Pfeffer
		Muskat
2	Eßl.	Paniermehl

Zutaten zu einem Teig verkneten, Puddingform ausfetten, mit Paniermehl ausstreuen.
Schichtweise Kohl und Fleischfarce in die Form geben, gut andrücken, 1 1/2 Stunde im Wasserbad kochen lassen.

Soße:

1/2 l	Flüssigkeit aus Kohlbrühe
200 ml	Sahne
	Brühe aus der Form (vorsichtig abgießen)
1 Glas	Kapern mit Saft

Soße mit hellem Soßenbinder andikken, mit Salz, Pfeffer, Muskat, gekörnter Brühe würzen, mit 2 Eigelb legieren.

Salzkartoffeln und Gurkensalat als Zugabe.

Rotkohl mit Äpfeln und Preiselbeeren

für 6 Personen

250	g	rote Zwiebeln
400	g	herb süß-saure Äpfel z.B. Boskop
40	g	Gänseschmalz
2	Pakete	tiefgefrorener Apfel-Rotkohl (a 450 g)
75	g	Preiselbeeren (aus dem Glas)
100	ml	Rotwein
3	Eßl.	Rotweinessig
100	ml	Fliederbeersaft
1	Messersp.	gemahlene Nelken
1/2	Teel.	Zimt
		Salz
		Pfeffer

Zwiebeln abziehen, halbieren und in Streifen schneiden. Äpfel schälen, vierteln, entkernen und in Spalten schneiden.
Schmalz erhitzen, vorbereitete Zwiebeln und Äpfel darin andünsten. Rotkohl, Preiselbeeren, Rotwein, Essig und Fliederbeersaft zufügen. Bei geringer Hitze ca. 30 Min. schmoren, dann alles gut verrühren, würzen und abschmecken.

Rotkohl mit Backpflaumen

750	g	Rotkohl
50	g	Öl
		Rotkohl sehr fein schneiden und ca. 30 Min. dünsten
250	g	entsteinte Backpflaumen
1/8	l	Wasser
		hinzufügen, gardünsten und abschmecken
		Salz
3-4	Eßl.	Essig
2	Eßl.	Johannesbeergelee
3		Äpfel
1/4	l	Wasser
1	Eßl.	Zucker
2	Eßl.	Zitronensaft
		Äpfel schälen, Kerngehäuse ausstechen und in 1/2 cm dicke Scheiben schneiden.

Wasser, Zucker und Zitronensaft zum Kochen bringen, die Apfelscheiben kurz im Wasser ziehen lassen.

Den Rotkohl auf einer vorgewärmten Platte anrichten und die Apfelscheiben kranzförmig darumlegen.

Rotkohl-Topf mit Kasseler

1	kg	Rotkohl
1		unbehandelte Orange
3	Eßl.	Rotweinessig
2	kl.	Zwiebeln
1/2	Glas	grüner Pfeffer (Abtropfgewicht 15 g)
500	g	Kasseler Nacken ohne Knochen
4	kl.	Äpfel (z.B.Cox Orange)
1/2	Glas	in Sirup eingelegter Ingwer (Abtropfgewicht 125 g)
		Salz
		frisch gemahlener Pfeffer

Äußere Rotkohlblätter entfernen, Strunk herausschneiden und den Kohl in Streifen schneiden. Orangenschale abschälen. Saft auspressen und über den Kohl geben. Einen Liter Wasser, Essig, Zwiebelwürfel, Pfefferkörner und Orangenschale aufkochen. Fleisch dazugeben und bei kleiner Hitze 30 Minuten kochen. Abgetropften Ingwer fein würfeln. Rotkohl, Ingwer und 3 Eßlöffel Ingwersirup zum Fleisch geben. Äpfel abspülen, halbieren und auf den Kohl setzen. Im geschlossenen Topf weitere 30 Minuten garen. Evtl. die Äpfel zwischendurch herausnehmen und warm stellen. Fleisch herausnehmen und etwas ruhen lassen.

Kohl mit Salz, Pfeffer und Ingwersirup abschmecken. Kasseler in Scheiben schneiden und mit Rotkohl und Äpfeln servieren.

Dazu: Bratkartoffeln

Rotkohlrouladen mit Rehfüllung

1	Rotkohlkopf
	Strunk ausschneiden, in Salzwasser 20 Min. kochen lassen, abschrecken.

Fleischteigfüllung:

600 g	Rehfleisch (Blatt oder Keule enthäuten)
1	Zwiebel
1	eingeweichtes Brötchen
1	Ei
	Thymian
	Pfeffer
	Salz
	durch den Fleischwolf drehen oder mit dem Mixer + Ei zerkleinern und zu einem Fleischteig verkneten.

300 g	Suppengemüse	putzen, würfeln
2 Eßl.	Tomatenmark	
1/4 l	Portwein	
2	Lorbeerblätter	
1 Eßl.	Honig	
	Salz	
2 Eßl.	Öl	
	in einen Schmortopf geben, Suppengemüse darin kurz andünsten	
1/4 l	Sahne	
1 kl.	Glas Preiselbeeren	

4 oder 8 Rotkohlblätter auf einem Tuch ausbreiten, Mittelrippe ausschneiden, 4 oder 8 Fleischteigröllchen darauflegen, einwickeln, mit Küchenband zusammenbinden. Die Rouladen von allen Seiten braun anbraten, auf das Suppengemüse legen, 35 Min. mit Deckel dünsten lassen, Kohlrouladen herausnehmen, Lorbeerblätter entfernen, Gemüse passieren. Tunke mit Fleischbrühe verlängern, Sahne und Preiselbeeren zugeben , mit dunklem Soßenbinder andicken. Salzkartoffeln oder Kroketten dazu reichen.

Rotkohlrouladen eignen sich gut als Vorspeise bei festlichen Menüs, wenn man 8 kleine Röllchen macht.

Blumenkohlauflauf mit Käsehaube

1	großen	Blumenkohl 20 Min. in Salzwasser mit
1	Pr.	Zucker
2	Eßl.	Essig garen, in Röschen teilen, in eine gefettete Auflaufform legen.
200	g	durchwachsenen Speck würfeln, anbraten
2	geh.	Zwiebeln hinzufügen, schmoren
4		Eier
4	Eßl.	Blumenkohlwasser mit Salz Pfeffer Muskat

verquirlen, alles über den Blumenkohl gießen. Dick mit geriebenem Käse bestreuen. 40 Min. bei 180 ° backen lassen.

Grüne Nudeln oder Salzkartoffeln als Zugabe.

Schöne Melosine

1		Blumenkohl
		in
		Salzwasser
		10 Min. vorgaren (Gemüsewasser nicht weggießen)
500	g	gem. Hackfleisch
1		Ei
1		Zwiebel
100	g	Quark
1	Teel.	Senf
1	Teel.	Meerrettich
2	Eßl.	gehackte Kräuter
		Salz
		geschrot. Pfeffer
		mit dem Handrührgerät zu einem glatten Teig verkneten, Teig zu 2 Rollen formen
3		Tomaten
		vierteln

Käsesoße:

1/4	l	Blumenkohlwasser
		mit
30	g	Mehl
		andicken
3		Kräuterkäseecken
		vorsichtig darin schmelzen

Den Blumenkohl in eine gefettete Auflaufform legen. Die Hackfleischrollen um den Blumenkohl legen. Die Tomatenviertel auf den Hackfleischteig verteilen.

Mit der Käsesoße übergießen.

Bei 225 - 250 ° ca. 40 Min. im Backofen garen

Ein guter Tip von Hausfrau zu Hausfrau

Der bei der Zubereitung entstehende Kohlgeruch läßt sich erheblich reduzieren, wenn das Gemüse in Folie oder im Schnellkochtopf gegart wird.
Das läßt sich bei manchen Rezepten leider nicht praktizieren, aber auch eine Zugabe von Kümmel vertreibt nicht nur den Kohlduft, sondern würzt auch angenehm und fördert die Verdauung.
Wer die Körner nicht im Essen haben möchte, kocht sie in einem kleinen Säckchen mit.

Wirsing-Kartoffelkuchen

150	g	durchwachsener Speck
500	g	Wirsing
500	g	Porree
250	g	gekochte Kartoffeln
5		Eier
30	g	Speisestärke
100	g	geriebener Gouda
100	g	Schafskäse
1	Teel.	Majoran
		Kräutersalz
		Pfeffer
		Muskat
		Fett

Die Hälfte der Speckscheiben braten. Wirsing und Porree putzen, waschen, in Salzwasser 15 Min. kochen, gut abtropfen lassen, in Eiswasser abschrecken.

Kartoffeln würfeln. Eier, Stärke, Käse, gewürfelten Schafskäse und Gewürze verschlagen. Mit Gemüse, Speck und Kartoffeln mischen, in eine gefettete Kastenform geben. Mit restlichen Speckscheiben belegen.

Die Form in den Ofen (E-Herd: 175 ° Gas Stufe 1-2) schieben, 1 1/4 Std. backen.

Wirsingbällchen als Beilage zu Seezunge

1		kleiner Wirsingkohl
50	g	Butter
4	Eßl.	Wasser
		Salz, Pfeffer

Acht schöne Wirsingblätter ablösen und in Salzwasser 1 Minute kochen. Kalt abschrecken.

Den übrigen Wirsing in Streifen schneiden, waschen und abtropfen lassen.

Die Wirsingstreifen in 30 g heißer Butter unter ständigem Rühren ca. 2 - 3 Minuten dünsten. Mit Salz und frisch gemahlenem Pfeffer würzen.

Die ganzen Wirsingblätter nacheinander auf ein dünnes Küchentuch geben, jeweils mit den Wirsingstreifen belegen und mit Hilfe des Tuches kleine Wirsingbällchen drehen.

Die Bällchen in der übrigen Butter mit Wasser, Salz und Pfeffer zugedeckt erhitzen und servieren.

Kabeljau-Wirsing-Röllchen

8		große Blätter Wirsingkohl
		Salz
750	g	Kabeljaufilet
1	Bund	Schnittlauch
		Saft von 1 Zitrone
4	Eßl.	Vollkornsenf
500	g	Kartoffeln
1/2	l	klare Brühe (Instant)
1		Becher (150 g) saure Sahne
2	Teel.	Speisestärke
		weißer Pfeffer
		Zitrone zum Garnieren

Kohl putzen, waschen und in kochendem Salzwasser kurz blanchieren. Herausnehmen, abtropfen lassen. Fisch und Schnittlauch waschen und trockentupfen. Fisch mit Zitronensaft beträufeln, in 8 Stücke schneiden und mit je 1 Teelöffel Senf bestreichen. In die Kohlblätter wickeln und mit Holzspeilen zusammenheften.

Brühe aufkochen. Wirsingpäckchen hineingeben und 15 Minuten bei schwacher Hitze garen. Restlichen Schnittlauch in Röllchen schneiden. Saure Sahne und Speisestärke verrühren. Wirsingpäckchen herausnehmen, warm stellen. Saure Sahne in die Brühe rühren und aufkochen. Restlichen Senf zugeben und mit Salz und Pfeffer abschmecken. Schnittlauch zufügen.

Wirsingröllchen in der Soße anrichten, mit Schnittlauch und Zitronenscheiben garnieren.

Salzkartoffeln und Gurkensalat als Zugabe.

Fischfilet in Wirsing

Fischfilet
Wirsing
Salz
Zitrone
durchwachsener Speck

Fisch säubern, säuern, salzen, in abgewellte Wirsingblätter wickeln und in eine ausgefettete Auflaufform schichten.

Mit durchwachsenem Speck belegen. Ca. 30 Min. bei 200 - 250 ° im Backofen garen lassen.

Dazu: Salzkartoffeln

Wirsingomelette

500 g		Wirsing
100 g		Zwiebeln
1 1/2	Eßl.	Sonnenblumenöl
1		große Tomate
3/4		Brühwürfel
60 g		Butter
1		gestr. Teel. Majoran
1/4	Teel.	gem. Koriander
		ger. Muskatnuß
6		Eier
1/2	Teel.	Kräutersalz
2	Eßl.	feingeh. Petersilie

Wirsing in 2 cm breite Streifen schneiden. Zwiebeln im Sonnenblumenöl glasig dünsten. Die gewürfelte Tomate mit dem Gemüsebrühwürfel und den Wirsingstreifen zu den Zwiebeln geben.

20 Min. dünsten, die Hälfte der Butter unterziehen und mit den Gewürzen abschmecken. Die Eier mit Salz verquirlen. Restliche Butter in einer Pfanne erhitzen. Zuerst den Wirsing hineinlegen und dann die Eier darübergießen.

Die Omelette in der geschlossenen Pfanne bei geringer Hitze stocken lassen.

Zum Schluß mit Petersilie bestreuen.

Dazu: Kartoffelpürree oder Käsekartoffeln.

Tip:
Alle kräftigen Wintergemüse schmecken noch herzhafter, wenn man sie mit Gemüsebrühwürfel statt mit Salz würzt.

Wirsing Lasagne

800 g	Kartoffeln
1 Teel.	Kümmel
	Pellkartoffeln garen und pellen, kalt in Scheiben schneiden.
1	kleiner Wirsing
oder	Weißkohl
	in kochendem Wasser 10 Min. garen und zum Abtropfen auf ein Sieb geben
100 g	durchw. Speck
	würfeln und ausbraten
40 g	Mehl hinzufügen
3/4 l	Milch ablöschen.
	Eine helle Soße daraus bereiten.

500 g	Schweinemett
2	Zwiebeln
	zusammen schmoren lassen
1 kl.	Dose Tomatenmark
	darunterrühren
1 Teel.	Oregano
	Salz
	Pfeffer
	durchgepreßte Knoblauchzehe
1/4 l	Wasser zugeben und einkochen lassen
	etwas gekörnte Brühe

Eine Auflaufform fetten, weiße Soße, Kartoffeln und Mettmasse abwechselnd mit den Wirsingblättern in die Auflaufform schichten. Die letzte Schicht mit Gemüseblättern abdecken, mit Butterflöckchen und dünnen Scheiben durchwachsenen Speck belegen.

Bei 200 ° 45 Min. im Backofen abbacken.

Parforcekohl mit Joghurt

1 Wirsingkohl
ca. 750 - 1.000 g vierteln, Strunk herausschneiden und in zentimeterbreite Streifen schneiden

3 Zwiebeln
halbieren, in Halbringe schneiden
1 unbeh. Zitrone
in Scheiben schneiden
1 l Wasser
zum Kochen bringen
1 Teel. Salz
1 Lorbeerblatt
2 Gewürznelken
1 Teel. Zucker
alles hinzufügen

Kohl, Zwiebel und Zitrone in dem Sud 40 Min. kochen

50 g Butter schmelzen
1 Becher Joghurt
1 1/2 Eßl. Mehl

Joghurt mit flüssiger Butter und Mehl glattrühren, die kochende Kohlbrühe damit andicken, das Lorbeerblatt herausnehmen.

Dazu: Schweinekotelett und Petersilienkartoffeln

Eiderstedter Grünkohl

600	g	Schweinebacke
1	l	Wasser
1	kg	vorbereiteter Grünkohl
125	g	durchwachsener Speck, würfeln
50	g	Schweineschmalz
2		gewürfelte Zwiebeln
		Salz
		Pfeffer
4		Kochwürste
1	kg	sehr kleine Pellkartoffeln
50	g	Butter
2	Eßl.	Zucker

Schweinebacke in Salzwasser etwa 1/2 Stunde vorkochen. Grünkohl gründlich waschen, in kochendes Wasser geben, aufkochen lassen, abgießen und grob schneiden.

Speckwürfel auslassen, Schweineschmalz dazugeben, Zwiebeln hellgelb dünsten, Kohl hinzufügen, andünsten, mit Salz und Pfeffer würzen.

Schweinebacke mit der Brühe zu dem Grünkohl geben, Kochwürste darauf legen und 60 - 90 Minuten kochen lassen.

Kartoffeln garkochen, pellen. Butter zerlassen und Zucker darin karamelisieren lassen. Kartoffeln hinzufügen, unter öfterem Schwenken bräunen lassen.

Den garen Grünkohl evtl. nachwürzen, mit in Scheiben geschnittener Schweinebacke und Kochwurst anrichten.
Süße Bratkartoffeln und Senf dazu geben.

Grünkohl mit Sahne

700 g	Grünkohl
100 g	Zwiebeln
60 g	Butter
1/8 l	Wasser
2	Gemüsebrühwürfel
5 Eßl.	Sahne
3 Eßl.	feingehackte Petersilie
	Muskatnuß

1 Eßlöffel Butter mit 1 Eßlöffel Wasser erhitzen und die gewürfelte Zwiebel glasig braten. Wasser zugießen, aufkochen und den Kohl dazugeben.

Bei mittlerer Hitze 25 - 30 Min. dünsten. Brühwürfel, Sahne und Butter hineinrühren. Mit Muskatnuß und Petersilie abschmecken.

Dazu: Kartoffelpürree oder Walnuß-Kartoffelplätzchen

Gröönkohl

Warrt dat koolt an Nees un Ohren,
hett dat eerst mal richtig froren,
denn is dat wedder mal sowiet
denn kummt de schöne Gröönkohltiet.

Laat uns sitten, dal mal huken.
'n lütten Sluck köönt wi ok bruken, –
Gröönkohl op'n Disch, mien leve Herr,
wat von en Glück op düse Eer.

Un so laat uns nu man snacken
vun'n Gröönkohl und Swienebacken.
Ja, die Swiensbacken hööрt dabi,
goot anrökert. Versteihst du mi?

Bi't Woort „Gröönkohl" kaam ik in't Swögen
dar deit sik mien Maag al rögen.
Gröönkohl mit Wust, dörchwussen Speck!
Hm, nu ik mi den Baart al leck.

För den Gröönkohl, schallst du weten,
laat ik stahn das dürste Eten.
Un so en Slicker-, Slackerkraam
is nix för'n Keerl, man blots för Dam'n.

Licht kriggst du mi nich to'n Strieden.
Stöörst d' mi to Gröönkohlmahltieden,
denn warr ik füünsch as Navers Bull,
warr ik grantig, asig un dull.

Gröönkohl in'n Gaarn, dat is doch wat.
Blots maakt in'n Gaarn he mi nich satt.
Gröönkohl op'n Disch bringt mi eerst Freid.
Gröönkohl, wat von en Herrlichkeit!

Heinz Richard Meier

Rosenkohleintopf mit Kasseler, Tomaten und Champignons

1	kg	Rosenkohl waschen, putzen
1		Gemüsezwiebel in Würfel schneiden
1	kl.	Dose Fleischtomaten
3		frische Zweige oder getrockneten Thymian
200	g	Champignons halbieren bzw. vierteln
400	g	Kasseler in 1 1/2 cm Würfel schneiden
750	g	Kartoffeln schälen, in Würfel schneiden
1	Glas	Kapern
1/4	l	Fleischbrühe
		Salz
		Muskat
		Pfeffer
		etwas Zucker

Alle Zutaten schichtweise in eine Auflaufform geben, 40 Min. in vorgeheiztem Ofen (200 °) mit Deckel garen lassen, danach vorsichtig umrühren und abschmecken.

Rosenkohlauflauf

1 kg	Rosenkohl ca. 15 Minuten in Salzwasser garen, gut abtropfen lassen und in eine gefettete Auflaufform geben (mit Deckel)
300 g	Schinken in Streifen schneiden und darüber verteilen
4	Eier
1/8 l	Milch
	Salz
	Pfeffer
	Muskat
1/8 l	Brühe verquirlen und darübergeben. Bei 200 ° im Backofen 35 Min. backen. Deckel abnehmen, mit
100 g	Käse bestreuen und weitere 15 Min. überbacken.

Dazu: Kartoffeln oder Meterbrot

Rosenkohl-Eintopf

250 g	Maronen
1 kg	Rosenkohl
500 g	Kartoffeln
2 1/2 l	Instantbrühe
4	Brühwürste
	Pfeffer
	Muskat

Die Maronen kreuzweise einritzen und im kochenden Salzwasser etwa 10 Minuten garen; danach schälen und die Häute entfernen.

Den Rosenkohl waschen und putzen. Die Kartoffeln schälen, waschen und würfeln. Die Gemüsebrühe zum Kochen bringen. Rosenkohl und Kartoffeln hineingeben und etwa 20 Minuten garen.

Wurst in Scheiben schneiden und zusammen mit den Maronen 5 Minuten vor Ende der Garzeit zufügen. Eintopf mit Pfeffer und Muskat würzen.

Anstatt frischer Maronen kann man auch Eßkastanien aus der Dose verwenden.

Sauerkraut-Apfel-Auflauf

200	g	Frühstücksspeck in Scheiben
2		Zwiebeln
1	Eßl.	Öl
1	gr.	Dose Sauerkraut (850 ml)
1		Lorbeerblatt
6		Wachholderbeeren
1/8	l	Weißwein
		Salz
		Pfeffer
		etwas Zucker
1	kg	Kartoffeln
2		Äpfel
500	g	Kasseler
		Fett für die Form
2	Eßl.	gehackte Kräuter

Die Hälfte des Specks in Streifen schneiden. Zwiebeln pellen und würfeln. Öl erhitzen, Speck und Zwiebeln darin anschwitzen. Sauerkraut, Lorbeerblatt, Wacholderbeeren und Wein zufügen und 20 Minuten schmoren lassen. Mit Salz, Pfeffer und Zucker abschmecken.

Kartoffeln schälen, waschen, in Scheiben schneiden und im Salzwasser 5 Minuten kochen. Äpfel schälen, Kerngehäuse ausstechen und aus den Äpfeln Ringe schneiden. Kasseler würfeln.

Sauerkraut, Kartoffeln, Äpfel und Kasseler schichtweise in eine gefettete Form geben und mit den restlichen Speckscheiben belegen.

Im vorgeheizten Backofen (E-Herd 200 °/Umluft, 180 °/Gas: Stufe 3) 40 Minuten backen. Mit Kräutern bestreuen.

Mit Sauerkraut gefüllte Blätterteigtaschen

2	Packungen	à 300 g tiefgefrorener Blätterteig
1	Bund	Dill
50	g	geräucherter durchwachsener Speck
4	Eßl.	Öl
250	g	Sauerkraut
1	Teel.	Kümmel
		Salz
		Pfeffer
1	Prise	Zucker
1		Ei
		Mehl zum Ausrollen
1		Kopfsalat
4		Tomaten
2-3	Eßl.	Weißweinessig
1	Teel.	körniger Senf

Bunter Salat als Zugabe

Blätterteig auftauen lassen. Dill waschen, trockentupfen und, bis auf einen Rest zum Garnieren fein schneiden. Speck würfeln, 1 Eßl. Öl in einem Topf erhitzen, Speck darin auslassen. Sauerkraut und Kümmel zufügen, ca. 10 Minuten schmoren. Mit Salz, Pfeffer und Zucker abschmecken. Etwas abkühlen lassen.

Ei trennen. Blätterteigscheiben aufeinandergelegt, auf bemehlter Arbeitsfläche zu einer Größe von 48 x 48 cm ausrollen. In 8 Quadrate schneiden. In die Mitte etwas Kraut geben. Ränder mit Eiweiß bestreichen, zu Taschen überklappen. Ränder fest andrükken und mehrmals ca. 1/2 cm weit einschneiden. Eigelb und 1 Eßl. Wasser verquirlen, Blätterteig damit bestreichen. Im vorgeheizten Backofen (E-Herd 200 °, Gasherd Stufe 3) 15 - 20 Min. backen.

Salat putzen, waschen, in mundgerechte Stücke zupfen. Tomaten waschen, putzen, in Spalten schneiden. Essig, Senf, 1 Eßl. Wasser, Salz und Pfeffer verrühren. Restliches Öl darunterschlagen. Salatzutaten darin wenden. Taschen mit dem Salat anrichten. Mit Dill garnieren.

Kasseler mit Ananaskruste auf Sauerkrautbett

1 kg	Kasseler im Stück (ohne Knochen)
4 Eßl.	Ananaskonfitüre
1 Eßl.	Weinessig
1 Dose	Weinsauerkraut (860 ml)
2 Eßl.	Schweineschmalz
	Salz
	Zucker
3	Wachholderbeeren
1/4 l	Apfelsaft
1 Pr.	weißer Pfeffer

Das Fleisch im Backofen (E-Herd 200°, Gasherd Stufe 3, ca. 50 Min. garen. Konfitüre und Weinessig verrühren. Nach 40 Min. Garzeit Kasseler dick mit der Masse bestreichen. Sauerkraut kleinschneiden. Schmalz erhitzen und das Kraut darin anbräunen. Mit Salz und Zucker abschmecken. Wachholderbeeren zufügen und mit Apfelsaft auffüllen. Kurz umrühren und 40 Min. bei schwacher Hitze schmoren lassen. Gut abschmecken, auf eine vorgewärmte Platte füllen und den Braten darauf servieren.

Kartoffelbrei als Zugabe.

Sauerkraut mit Salami im Blätterteigmantel

1	große	Zwiebel
	etwas	Butterschmalz
80	g	Salami
400	g	Sauerkraut
1/8	l	Fleischbrühe
1	Teel.	Kümmel
1/2	Teel.	Zucker
300	g	TK Blätterteig
1		Ei

Feingehackte Zwiebel in Butterschmalz andünsten, kleingewürfelte Salami und Sauerkraut zugeben, Fleischbrühe angießen, mit 1/2 Teel. Kümmel und Zucker würzen und ca. 30 Min. zugedeckt garen.

Blätterteig tauen lassen und dünn zu einer Platte ausrollen, das gut abgetropfte und erkaltete Sauerkraut auf die Hälfte des Teiges verteilen, die andere Hälfte darübergeben und gut andrücken.

Aus Teigresten Verzierungen auflegen. Blätterteig mit verquirltem Ei bestreichen und mit

Kümmel bestreuen. Auf ein gefettetes Backblech legen, im vorgeheizten Backofen bei 200 ° ca. 20 - 30 Minuten backen.
Heiß servieren.

Teuflische Sauerkrautsuppe

200 g	Schweinemett
400 g	Sauerkraut
400 g	geschälte Tomaten (Dose)
2	Gemüsezwiebeln
2 Eßl.	Öl
1 Eßl.	Tomatenmark
1 1/2 l	Fleischbrühe
etwas	Soßenbinder
1 Eßl.	Tomatenketchup
	Essig
	Oregano
gem.	Kümmel
	Pfeffer
	Tabasco
	Zucker

Öl erhitzen, gewürfelte Zwiebeln und Schweinemett darin anbraten, zerschnittenes Sauerkraut und gewürfelte Tomaten dazugeben, mit heißer Brühe auffüllen und etwa 15 Min. kochen lassen. Mit etwas Soßenbinder andicken, mit den Gewürzen kräftig süßsauer abschmecken.

Meterbrot als Zugabe.

Ungarischer Sauerkrautauflauf

500 g	Kasselerbauch	
1	rote Paprika	
1	grüne Paprika in Würfel schneiden, im Kochtopf von allen Seiten bräunen, ca. 10 Minuten	
750 g	Sauerkraut mild dazugeben und kurz andünsten.	
1/4 l	Wasser	
2	Lorbeerblätter	
	Salz	
	Zucker	
	Pfeffer	
2 Eßl.	Paprika Edel-süß zum Sauerkraut geben und gardünsten bis die Brühe ganz vom Kraut aufgenommen ist.	
1 l	Wasser zum Kochen bringen	
	Salz	
125 g	Brühreis	
1	geh. Zwiebel 12 - 15 Min. garen, abgießen.	

In eine Auflaufform (gut gefettet) abwechselnd Sauerkraut, Kasseler und Reis einschichten. Letzte Schicht sollte Sauerkraut sein.

2	Becher saure Sahne
4 Eßl.	Milch
	verrühren und über den Auflauf geben.

Im Backofen bei 250° ca. 20 Min. überbacken. Mit gehackter Petersilie bestreuen.

Sauerkrauttaler

1 Dose	Sauerkraut (580 ml)
500 g	Kartoffeln
1	Töpfchen Schnittlauch
1	Eigelb
	Salz
	Pfeffer
	abgeriebene Muskatnuß
125 g	geräucherter, durchwachsener Speck
2 Eßl.	Öl
1/4 l	Milch
2 Päck.	helle Soße (für je 1/4 l Flüssigkeit)
	Kümmel
	Feldsalat
	Schnittlauch zum Garnieren

Sauerkraut abtropfen lassen. Kartoffeln schälen, waschen und grob raspeln. Schnittlauch waschen, in

Röllchen schneiden. Sauerkraut, Kartoffeln, Schnittlauch und Eigelb vermengen. Mit Salz, Pfeffer und Muskat würzen. 16 - 20 Taler daraus formen.

Speck fein würfeln und in einer Pfanne knusprig auslassen. Herausnehmen und das Öl ins Speckfett geben. Taler darin portionsweise von beiden Seiten ca. 5 Minuten braten. Milch und 1/4 l Wasser erwärmen, Soßenpulver einrühren, aufkochen lassen und mit Salz, Pfeffer und Kümmel abschmecken. Taler mit Speck und etwas Soße auf Teller anrichten. Mit Salat und Schnittlauch garnieren.

Gulasch mit Sauerkraut und Äpfeln

400	g	Rindergulasch
400	g	Schweinegulasch
2		Zwiebeln
30	g	Butterschmalz
		Salz
		Pfeffer
1	Dose	Sauerkraut (550 g)
1		Lorbeerblatt
1	Pr.	Zucker
3/8	l	Fleischbrühe
3		Äpfel (600 g)
2 - 3	Eßl.	Soßenbinder
1	Eßl.	Honig

Fleisch waschen, trockentupfen. Zwiebeln abziehen, in Ringe schneiden. Fleisch portionsweise im heißen Fett kräftig anbraten und würzen. Herausnehmen. Zwiebeln im Bratfett andünsten. Fleisch, Sauerkraut und Lorbeerblatt zugeben. Würzen und Brühe zugießen und 60-70 Min. schmoren. Äpfel waschen, evtl. schälen, halbieren, entkernen. Fruchtfleisch in Spalten schneiden und 15-20 Min. mitschmoren lassen. Binden und abschmecken.

8 gefüllte Partybrötchen

8		Roggenbrötchen

Füllung:

1	Dose	Sauerkraut 770 g Füllmenge
1		rote Paprikaschote, 150 g
20	g	Butterschmalz
150	g	Schinkenwürfel
		Pfeffer
		Salz
1	Teel.	Kümmel
1	Bund	glatte Petersilie
200	g	Blauschimmelkäse

Von den Brötchen einen Deckel abschneiden. Brötchen aushöhlen, Inneres zerkrümeln.
Sauerkraut zerpflücken. Paprikaschote putzen, waschen, würfeln, Fett erhitzen, Schinkenwürfel anbraten und herausnehmen.
Paprikawürfel im Bratfett 2 - 3 Min. dünsten. Sauerkraut zufügen, mitdünsten und würzen.
Brötchen-Inneres und Schinkenwürfel zum Sauerkraut geben.
Petersilie waschen, trockentupfen.
Blättchen abzupfen, hacken.
Käse zerbröckeln.
Petersilie und Käse zum Sauerkraut geben, mischen, abschmekken.
Füllung in die Brötchen verteilen, Brötchendeckel darauflegen und im Backofen bei 200° 10 Min. backen. Evtl. mit Basilikum garnieren.

Frenssenhaus in Barlt

Kasseler Nackenbraten mit Pflaumen-Sauerkraut

1	kg	Kasseler Nacken
100	g	getrocknete Pflaumen
500	g	Sauerkraut
1		fein gehackte Zwiebel
1/4	l	Wasser

Fleisch waschen, abtrocknen und auf den Bratrost legen und über der mit Wasser ausgespülten Fettpfanne in den vorgeheizten Backofen geben (E-Herd: 230 °, Gas: Reglerstufe 5) Den Braten ohne zu wenden etwa 40 Min. garen und mehrmals etwas Wasser in die Fettpfanne gießen. Den Braten bis zum Anschneiden 10 - 15 Min. warmstellen.

Getrocknete Pflaumen am Vorabend einweichen. Sauerkraut mit 2 Gabeln lockern, Zwiebel feinhacken. Etwa 2 - 3 Eßl. Kasselerfett in den Topf geben, nacheinander Zwiebel, Sauerkraut und Pflaumen einfüllen. Knapp 1/8 l Wasser zugeben, Kraut bei schwacher Hitze 15 Min. dünsten, salzen, zuckern.

Das Kraut zu dem aufgeschnittenen Braten reichen.

Dazu schmecken Kartoffelknödel "Halb und Halb".

Rotkohl im Schnee

1 kl.	Rotkohl
	Essig
	Salz
	Pfeffer
	Zucker

Kohl raspeln, würzen, 10 Min. stampfen, 2 Std. zugedeckt ziehen lassen, nochmals abschmecken

1/4 l	Sahne
1 Pr.	Salz
1 Eßl.	Zucker

Sahne steif schlagen, würzen. Kohl in die Mitte der Platte geben, Schlagsahne darum.

Rotkohlsalat auf Vorrat

5 Pfund	Rotkohl
2 gr.	Zwiebeln
2 Pfund	Zucker
3 Teel.	Salz
3/4 l	Weinessig, 5 %

Rotkohl und Zwiebeln raspeln. 1/2 Stunde kochen lassen, dann 20 Min. auf 80 Grad einwecken. Kalt servieren.

Rotkohlsalat mit Preiselbeeren

500 g	Rotkohl putzen, fein hobeln, stampfen
100 g	Preiselbeeren unterrühren
Marinade:	Zitronensaft Essig Senf Salz Pfeffer

Marinade zum Kohl geben, abschmekken, durchziehen lassen.

Weißkohl- oder Rotkohlsalat rustikal

3/4 kg	Weißkohl
50 - 100 g	Speck
1	Zwiebel
	Salz
	Essig
	Senf
	Zucker

Kohl raspeln, zwischen 2 Tüchern mürbe klopfen, da leichter verdaulich. Mit kochendem Wasser überbrühen, abtropfen lassen, Speck auslassen, mit den übrigen Zutaten zur Marinade rühren, Salat untermischen, gut durchziehen lassen.

Weißkohlsalat „Schlankmacher“

500 g Weißkohl
250 g Äpfel (säuerlich)

Marinade:

1/4 l Joghurt
etwas Sahne
Essig
Zitronensaft
Zucker
Petersilie

Weißkohl raspeln. Äpfel sofort mit Schale in die Marinade raspeln, sonst werden die Äpfel braun. Zutaten gut durchquirlen, abschmecken, Petersilie fein gehackt darüber.

Wirsingrohkost mit Möhren

300 g Wirsing
150 g Möhren
Joghurtmayonnaise
1 Messerspitze gem. Koriander

Den Wirsing in feine Streifen hobeln.
Die Möhren grob raspeln.
Die Joghurtmayonnaise unter den Salat mischen. Alles mit Koriander abschmecken.
Den Salat einige Minuten durchziehen lassen.

Weißkohlsalat „Anke“

375	g	Weißkohl
		Salz
1/8	l	saure Sahne
2	Eßl.	Zitronensaft
2	Eßl.	gem. Erdnüsse
		Paprikapulver
1	Pr.	Zucker
2	Eßl.	Öl
2		rote Äpfel

Kohl raspeln, mit Zucker bestreuen, etwas zerstampfen.

Saure Sahne mit Zitronensaft, Erdnüssen und Paprikapulver verrühren.

Äpfel in die Marinade raspeln, Kohl untermischen, durchziehen lassen.

Sauerkraut mit Meerrettich

Rohes Sauerkraut zerzupfen, wenn nötig fein schneiden,
geraspelte Äpfel und Meerrettich dazu.
Nach Belieben ein wenig Honig und Quark unterziehen.

Rotkohlsalat

300	g	Rotkohl im Schnitzelwerk der Küchenmaschine grob raspeln
1	Pr.	Salz
1	Eßl.	Zucker (ca.)
1		Zitrone darübergeben und etwas zerstampfen
100	g	Feigen
2		Orangen
2		Bananen würfeln und unter den Kohl mengen und gut durchziehen lassen, mit
3	Eßl.	Öl
		Salz
		Zucker
		Zitronensaft noch einmal abschmecken.

Sauerkrautsalat

1	Dose	Sauerkraut
1	Dose	Ananas
3		Äpfel
50	g	ger. Mandeln

Saft des Krautes kurz ausdrücken, auflockern, mit feingeschnittener Ananas, geraspelten Äpfeln und Mandeln mischen.

Kohlsalat auf viele Art!

Der Kohl, daß ihr es alle wißt,
besonders von Bedeutung ist;
denn eßt Ihr Fleisch vom Schwein,
Rind, Gans und Wild
der Kohl, er rundet ab das Bild.
Ja, selbst der Fisch, der wahrlich mehr für's Wasser ist,
bei Tisch doch sehr den Kohl vermißt.

Habt Ihr gespeist des Guten gar zu viel,
der Kalorienbedarf ging weit schon über's Ziel, –
das gibt Euch schnell die Waage kund,
beharrlich zählt sie Pfund um Pfund!
Jetzt schreitet hurtig Ihr zur Tat,
es hilft nur eins – der Kohl – der Kohlsalat!
Bereitet delikat und fein,
sollt er bei jeder Mahlzeit sein.
Die Pfunde weichen jetzt geschwind;
an Kraft und Frische man gewinnt!
Hinweg die Kalorien – hier heißt es Vitamine, Mineralien, Eisen,
greift zu, – schmeckt ihn, – Ihr werdet unseren Kohl bald preisen!

G. Brühe

Sauerkrautsalat mit Äpfeln und Nüssen

250 g Sauerkraut
2 Äpfel
100 g geh. Nüsse
1/2 Tasse Mayonnaise
1/2 Joghurt

Sauerkraut sehr fein hacken, Äpfel grob raspeln, dann alle Zutaten gut miteinander vermengen.

Sauerkrautsalat mit Äpfeln und Speck

100 g Speck
1 Zwiebel
375 g Sauerkraut
2 ger. Äpfel
250 g Tomaten

Speck würfeln, auslassen.
Gehackte Zwiebel darin andünsten.
Alle Zutaten mengen. Äpfel raspeln, Tomaten fein schneiden.
Beides mit dem Sauerkraut mischen.

Fruchtiger Sauerkrautsalat

2		Ananasringe (Dose)
400	g	Sauerkraut
200	g	Krabbenfleisch
4	Eßl.	Öl
		Salz
		weißer Pfeffer
1		reife Mango
2	Eßl.	Crème fraiche
1	Eßl.	Mayonnaise
1	Teel.	Worcestersoße
1-2	Eßl.	Zitronensaft
1		Scheibe Pumpernickel
		Cayennepfeffer

Ananas in Stücke schneiden und mit Sauerkraut, Krabben und Öl mischen. Mit Salz und Pfeffer würzen. Mango schälen und das Fruchtfleisch mit einem Kugelausstecher abstechen. Zum Sauerkraut geben. Das restliche Fruchtfleisch vom Stein schneiden und mit dem Schneidstab des Handrührgerätes pürieren. Das Püree mit Crème fraîche, Mayonnaise, Worcestersoße und Zitronensaft verrühren. Mit Salz und etwas Zucker abschmecken. Sauerkrautsalat auf Tellern anrichten. Pumpernickel zerbröseln und über den Salat streuen. Soße darüber verteilen und mit Cayennepfeffer bestreut servieren.

Zarter Rosenkohlsalat

600 g TK-Rosenkohl
1/4 l Wasser
Salz

Für die Marinade

6 Eßl. Rotweinessig
5 Eßl. Keimöl
1 rote Zwiebel
Salz
Pfeffer
Walnüsse

Den unaufgetauten TK-Rosenkohl in 1/4 l Salzwasser ca. 8 Min. garen (nicht zu weich werden lassen). Zwiebeln sehr fein hacken. Aus Essig, Öl, feingehackter Zwiebel, Salz und Pfeffer eine Marinade rühren.

Den heißen Rosenkohl mit dem Kochsud in die Marinade geben. Alles sehr gut durchmischen und erkalten lassen. Der Salat paßt zu Braten, ist aber auch für eine Salatplatte bestens geeignet.

Energie · Mineralstoffe · Vitamine · Wasser- und Nährstoffgehalt

	Energie		Mineralstoffe						Vitamine					Wasser	Nährstoffe		
je 100 g eßbarer Anteil	kcal	Ballast-stoffe	Ma mg	Ka mg	Ca mg	P mg	Mg mg	Fe mg	A µg	B_1 mg	B_2 mg	Niacin mg	C mg	l	Eiweiß g	Fett g	Kohlen-hydrate g
Blumenkohl	27	2	16	311	22	72	7	1,1	21	0,10	0,11	0,6	69	91,7	2,4	0,2	4,0
Brokkoli	33	4	14	410	113	78	24	1,3	316	0,10	0,20	0,7	51	89,4	3,5	0,2	4,3
Grünkohl	57	2	44	436	230	90	34	2,7	833	0,20	0,20	2,1	140	83,2	6,0	0,9	6,1
Chinakohl	16	1	7	202	40	30	11	0,6	13	0,03	0,04	0,4	36	95,4	1,2	0,3	2,0
Kohlrabi	31	1	10	372	41	51	16	0,5	2	0,06	0,04	0,3	66	90,3	2,0	0,1	5,6
Rosenkohl	52	4	7	390	36	80	22	1,5	55	0,10	0,16	0,9	102	85,0	4,9	0,6	6,7
Rotkohl	30	3	4	267	38	32	16	0,5	5	0,07	0,05	0,4	50	91,0	1,7	0,2	5,3
Weißkohl	25	3	13	233	49	29	20	0,4	10	0,05	0,05	0,3	47	92,4	1,3	0,2	4,6
Sauerkraut	25	2	355	288	48	43	–	0,6	20	0,03	0,05	0,2	20	90,7	1,5	0,3	4,0
Wirsingkohl	30	1	9	275	57	55	12	0,9	12	0,05	0,07	0,3	50	91,0	2,6	0,4	4,1
Ø Tagesbedarf pro Person (60 kg)									ca. 1000 µg	1,5 mg	1,7 mg	15–18 mg	75 mg	1,5-3 l	51–60 g	60 g	300–360 g

Eigene Rezepte

EIDERSTEDTER TASCHENBÜCHER

EIDERSTEDTER SPEZIALITÄTEN
Rezepte der Landfrauen
Zusammengestellt von Margarete Oppermann
Erschienen 1985 (I. Teil) ISBN 3-925821-00-7
Erschienen 1987 (II. Teil) ISBN 3-925821-03-1

LAMMGERICHTE – WAHRE GEDICHTE
Nordfrieslands Deichbewohner und 40 Rezepte
Zusammengestellt von Margarete Oppermann
Erschienen 1986 ISBN 3-925821-02-3

KRABBEN · KREBSE · MUSCHELN
Rezepte und Informationen
Zusammengestellt von Margarete Oppermann
Erschienen 1988 ISBN 3-925821-04-X

EIDER und EIDER-SPERRWERK
Vorgeschichte – Bau – Betrieb
mit 58 Abbildungen
von Uwe Hollmer
Erschienen 1992 ISBN 3-925821-06-6

EIDERSTEDTS KIRCHEN
mit 121 Abbildungen
aus allen 19 Kirchen des Kirchenkreises
von Propst H. W. Wulf und W. Oppermann
Erschienen 1994 ISBN 3-925821-09-0

FISCH-REZEPTE
von der Nordseeküste und dem Landfrauen-Verein-Eiderstedt
Zusammengestellt von U. Meggers
Erschienen 2003 ISBN 3-925821-13-9